Dieses Buch gehört

....

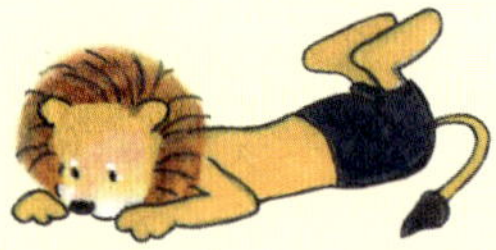

Liebe Eltern,

wir wollen Ihr Kind beim Lesenlernen unterstützen, und zwar mit Geschichten, die Spaß machen.

Unsere Bücher mit dem liebenswerten Leselöwen begleiten Ihr Kind durch die 2. Klasse. Sie enthalten drei bis vier Geschichten zu einem spannenden Thema, mit einfachen Sätzen und gut lesbarer Schrift. Viele bunte Bilder sorgen für Lesepausen und helfen, die Geschichten zu verstehen. Mit den Aufgaben zum Text kann Ihr Kind selbst prüfen, ob es den Text richtig verstanden hat. Zu den markierten Wörtern warten am Ende des Buches spannende Fakten und in unserem Onlineportal finden Sie viele weitere Extras!

So wird Ihr Sohn oder Ihre Tochter zum echten Leselöwen!

Ihr

Leselöwe

Leselöwen

Barbara Rose

Fohlengeschichten

Illustriert von Carmen Hochmann

Loewe

www.leseloewen.de

FSC
www.fsc.org
MIX
Papier aus verantwortungsvollen Quellen
FSC® C018236

Klimaneutral
Druckprodukt
ClimatePartner.com/18521-2202-1001

ISBN 978-3-7432-0240-5
2. Auflage 2022

Umschlag- und Innenillustrationen: Carmen Hochmann
Umschlaggestaltung: Michael Dietrich
Vignetten Leselöwe: Angelika Stubner
Printed in the EU

www.loewe-verlag.de

Inhalt

Das besondere Kinderzimmer

Emma ist glücklich.
Endlich macht sie mit ihren Eltern
Urlaub auf dem Bauernhof.
Bei Lene und Gustav Jepsen
und ihrer Tochter Lilli.
„Komm, ich zeige dir den Hof“,
ruft Lilli und packt Emmas Hand.

Was es hier alles gibt!
Die Hunde Tim und Struppi
und Trine, die Katze.
Sie hat gerade fünf Junge.
Emma ist begeistert.
Aber streicheln möchte sie
weder die Katzen noch die Hunde.

„Wir haben kein Haustier“,
erklärt sie Lilli.
Lilli nickt. „Du musst
sie nicht anfassen.
Dann zeige ich dir jetzt Luzie,
unser **Fohlen**. Es ist so süß!“
„Und bestimmt sehr groß“, denkt Emma.

Hell und kühl ist es im Stall.
Drei Pferde stehen in ihren Boxen.
Lilli deutet auf eine Schimmelstute.
„Das ist Jolly, Luzies Mama.
Ihre Milch reicht nicht,
ich füttere Luzie mit der Flasche.
Dort hinten ist ihr Kinderzimmer.“

Lilli zieht Emma
zu einer kleinen Box.
„Schau mal, das ist Luzie."
Emma sieht hinein und
... ist völlig fasziniert.
Zwei hübsche dunkle Knopfaugen
strahlen das Mädchen an.

„Luzie“, flüstert Emma.
Das hübsche Fohlen hebt den Kopf
und läuft direkt auf Emma zu.
„Lass sie an dir schnuppern“,
bittet Lilli.
Emma schüttelt den Kopf.
„Ich … ich traue mich nicht.“

Es dauert eine ganze Weile,
bis Emma zu Luzie in die Box geht.
Und noch länger,
bis sie dem Fohlen
die **flache Hand** hinhält.

Weich und warm ist Luzies Maul.
„Unglaublich“, sagt Lilli.
„Luzie vertraut dir sofort!
Möchtest du ihr die Flasche geben?“
Emma schüttelt den Kopf.
Das ist ihr noch zu viel.
Aber ihre Angst ist fast weg.

Einen Tag später traut sich Emma,
die kleine Luzie zu streicheln.
Und es kommt noch besser!
Kaum betritt Emma die Box,
läuft ihr das Fohlen hinterher.
„Wie ein Hündchen.“ Lilli kichert.
„Luzie mag dich besonders gern!“

Am dritten Tag füttert Emma
das Fohlen mit der Flasche.
Ihr Herz pocht laut vor Aufregung
und noch lauter vor Glück!

Jeden Tag verbringen Emma und Lilli
nun in Luzies Kinderzimmer.
Sie geben Luzie das Fläschchen,
säubern und misten aus.
Sogar die Fenster putzen sie,
damit das Fohlen mehr Licht bekommt.

„Sollen wir Bilder malen?“,
fragt Lilli an einem Regentag.
„Für Luzies Kinderzimmer?“
Emma macht sich gleich
an die Arbeit.
Das Kinderzimmer des Fohlens
soll wunderschön aussehen.

Noch viel, viel schöner jedoch
sind die Spaziergänge mit Luzie.
Emma darf das Fohlen führen.
Durch duftende Kornfelder
und über blühende Wiesen.
Es stört Emma auch nicht,
dass Tim und Struppi dabei sind!

Dann ist der Urlaub zu Ende.
Emma und ihre Eltern reisen ab.
Aber Emma ist nicht traurig.
Sie will unbedingt wiederkommen.
Und sie weiß auch, dass sie
zwei gute Freunde gewonnen hat:
Lilli und Luzie.

Sternchen hat Angst

Heute ist es so weit.
Sternchen, das Fohlen,
soll zum ersten Mal auf die Weide.
Schon seit Tagen erzählt
seine Mutter Cosima davon.
Doch Sternchen will nicht raus.
Sternchen hat Angst.

„Muss das sein, Mama?“

Sternchen wiehert schüchtern.

„Muss ich wirklich nach draußen?

Ich finde es im Stall sehr schön.“

„Was soll das, Sternchen?“
Cosima, die braune Stute,
scharrt mit den Hufen.
„Das ist ein wunderbarer Moment.
Draußen ist es herrlich.
Pass gut auf,
gleich geht die Stalltür auf.“

Sternchen hört,
wie die anderen Pferde wiehern.
Sternchen spürt
die Unruhe im Stall.
Die kleine Stute kann **riechen**,
wie aufgeregt alle sind.

Auch Sternchens Mama
tänzelt nervös hin und her.
Sternchen seufzt. „Warum sind
alle so komisch heute?“
Am liebsten würde sich das Fohlen
irgendwo verstecken.

Knaaaaarz!

Das Tor geht auf.

Sofort schubst Cosima

ihr Fohlen aus der Box.

Genau auf die Stalltür zu.

Aber Sternchen fürchtet sich.

„Lass mich. Ich bleibe hier.“

Ängstlich verbirgt sich das Fohlen hinter seiner Mutter.

„Ich will da nicht raus.

Da sind so viele andere Pferde.

Die machen mir Angst."

„Die anderen Pferde sind nett“,
erklärt Cosima. „Alles wird gut.“
Sternchen sieht nach draußen.
„Das Gras sieht komisch aus.
Und die Vögel sind so laut.
Das gefällt mir nicht.
Kein bisschen!“

In diesem Moment sieht Sternchen
ein schwarzes Hengstfohlen.
Es saust an der Stalltür vorbei.
Es wirbelt über die Weide
und buckelt fröhlich.
Es wiehert laut und jagt
den Schmetterlingen hinterher.

Regungslos bleibt Sternchen
in der geöffneten Stalltür stehen.
Heimlich beobachtet sie
das schwarze Fohlen.
„Lass uns endlich auch rausgehen“,
drängt Cosima ungeduldig.
Doch Sternchen fehlt der Mut.

Das schwarze Fohlen merkt,
dass Sternchen ihm zuschaut.
„Komm raus, spiel mit mir!
Ich heiße Kaspar.
Ich war gestern schon draußen.“

Kaspar sieht nett aus,
findet Sternchen.
Zu gern würde die kleine Stute
ein paar Schritte auf ihn zugehen.
Doch Sternchen traut sich nicht.
„Wie blöd! Ich glaube,
meine Hufe sind festgewachsen."

Kaspar schnaubt sanft.
„Das kenne ich.
So war es bei mir am Anfang auch.
Bleib eng neben deiner Mama“,
ruft Kaspar. „Dann geht es leicht.“

Und wirklich: So klappt es!
Kaspar begleitet Cosima
und Sternchen auf die Weide.
Ganz langsam, Huf nach Huf.

Nebenbei erklärt das Hengstfohlen
jedes Tier und jede Pflanze.
Die Vögel über ihren Köpfen,
die Regenwürmer unter ihren Hufen,
die kitzelnden Halme.

Es dauert nicht lange,
da springt auch Sternchen los.
„Hallo, Weide, ich bin da!“
Wie ein **Wildfang** jagt Sternchen
über das kräftige Gras.

Mutig beschnuppert Sternchen
die wippenden Stängel.
Sie beobachtet die Bienen und Hummeln.
Sie spielt mit Kaspar Verstecken.
Sternchen entdeckt eine neue Welt –
und hat einen neuen Freund!

Molly und Polly

„Tinka bekommt ihr Baby.
Unser Fohlen kommt!“
Aufgeregt läuft Tom zu Amelie.
Seine beste Freundin soll wissen,
dass es endlich so weit ist.
Das Reitpferd der beiden Freunde
bekommt Nachwuchs.

Herr Lindner, Toms Papa, lächelt.
Tinka und der Hof gehören ihm.
„So eine **Geburt** dauert“, sagt er.
„Aber ich habe es euch versprochen.
Ihr dürft Tinkas Fohlen sehen,
sobald es auf der Welt ist.“

Weil Samstag ist,
darf Amelie bei Tom übernachten.
So können beide nichts verpassen.
Fix und fertig angezogen
liegen die Kinder im Bett.
„Schon so spät.“ Tom stöhnt.
„Ob das Fohlen heute noch kommt?“

Während der Geburt
braucht Tinka viel Ruhe.
Nur Toms Papa
und Max Grün, der Tierarzt,
sind im Stall.

Tom und Amelie spielen Karten.
Sie erzählen sich Geschichten,
essen tütenweise Chips und
laufen immer wieder zum Fenster.
Im Stall brennt Licht,
aber die Tür ist verschlossen.
Warum dauert das nur so lange?

In diesem Moment
eilt Toms Papa ins Zimmer.
„Es ist da“, ruft er atemlos.
„Tinkas Fohlen ist da!“
Endlich!
Sofort stürmen die Kinder los.

Amelie und Tom staunen,
wie klein das Fohlen ist.
Auf wackeligen Beinen
steht es bereits in der Box.
Hellbraun und noch ganz feucht.
Tom weiß schon einen Namen.
„Es soll Polly heißen.“

„Komisch.“ Amelie wundert sich.
„Tinka beachtet Polly gar nicht.“
Tatsächlich!
Unruhig wälzt sich Tinka
im Stroh hin und her.
„Oje. Da stimmt etwas nicht“,
stellt Toms Papa fest.

Amelie, Tom und sein Papa
blicken unsicher zu Max Grün.
Der Tierarzt lächelt.
„Tinka hat wirklich ein Problem“,
bestätigt er.
„Da kommt noch was!“

„Da kommt noch was?“,
wiederholt Tom verwirrt.
Der Tierarzt nickt.
„Tinka bekommt ein zweites Fohlen!“
„Zwillinge?“, flüstert Toms Papa.
„Aber … das ist ja unglaublich!“

Amelie und Tom starren in die Box.

„Eine Zwillingsgeburt ist selten“,

erklärt Max Grün.

„Eine echte Sensation“,

freut sich Toms Papa.

Mit angehaltenem Atem
beobachten die Kinder die Geburt.
Tinka schnaubt heftig,
ist aber sonst ganz ruhig.
Sie presst und drückt,
bis endlich das zweite Fohlen
im Stroh liegt.

Liebevoll schleckt Tinka nun
ihre beiden Fohlen trocken:
Polly mit der weißen Blesse,
das zweite Fohlen ohne Abzeichen.
Es ist auch eine Stute.
Das stellt Max Grün schnell fest.

„Ich würde es Molly nennen.“

Amelie legt den Kopf schief.

„Wenn ich dürfte.“

Toms Papa nickt.

„Klar darfst du, Amelie.

Molly! Der Name passt genau.“

Als hätte sie es gehört,
wiehert Molly zaghaft.
Dann kuschelt sie sich an Polly.
Tom stupst Amelie behutsam an.
„Das hat Tinka richtig gut gemacht.
Zwei Fohlen, so ein Glück.
Eins für mich, eins für dich.“

Fragen und Antworten

1. Lies genau in Spiegelschrift. Wem gehört das besondere Kinderzimmer?

☐ Lucy ☐ Luzie ☐ Lizzie

Antwort: Luzie

2. Warum geht Emma zuerst nicht in die Pferdebox? Kreuze an.

☐ Sie findet, es stinkt dort.

☐ Sie traut sich nicht.

☐ Sie mag keine Pferde.

Antwort: Sie traut sich nicht.

3. Was passiert zuerst? Bringe die Bilder in die richtige Reihenfolge.

Antwort: 1. Emma hat Angst. 2. Emma füttert Luzie. 3. Emma führt Luzie.

4. Wo möchte Sternchen lieber sein? Kreise ein.

Antwort: Im Stall (links)

5. Was sagt Sternchen zu dem Hengstfohlen? Trage die fehlenden Buchstaben ein.

Wie blöd! Ich glaube, meine Hufe

sind ______________ gewachsen.

Antwort: Wie blöd! Ich glaube, meine Hufe sind festgewachsen.

6. Wie heißt das Hengstfohlen, das Sternchen hilft? Bringe die Buchstaben in die richtige Reihenfolge.

PAARKS

Antwort: Kaspar

Fragen und Antworten

7. Was essen Tom und Amelie, während sie auf das Fohlen warten?

Antwort: Chips

8. Wie heißt der Tierarzt, der bei der Geburt hilft? Kreuze an.

- ☐ Max Rot
- ☐ Max Grün
- ☐ Max Blau

Antwort: Max Grün

9. Was ist das Besondere an dieser Geburt? Bringe die Silben in die richtige Reihenfolge.

GE LIN ZWIL

Antwort : Tinka bekommt Zwillinge.

10. Findest du die vier Wörter aus den Geschichten im Buchstabengitter?

G	E	B	O	R	D	F
U	W	E	I	D	E	O
J	U	N	K	O	R	H
N	E	T	R	P	I	L
A	U	S	T	U	T	E
S	R	T	U	I	M	N
S	T	A	L	L	H	O

Antwort : Weide, Stute, Stall, Fohlen

Schon gewusst?

Fohlen (Seite 10):

Pferdefohlen sind direkt nach der Geburt zwischen 75 und 145 Zentimeter groß und wiegen 30 bis 60 Kilogramm. Schon nach wenigen Minuten stehen sie das erste Mal auf und suchen nach dem Euter ihrer Mutter, um zu trinken.

Flache Hand (Seite 14):

Wenn man Pferden ein Leckerli oder eine Möhre hinhält, muss man darauf achten, dass die Hand

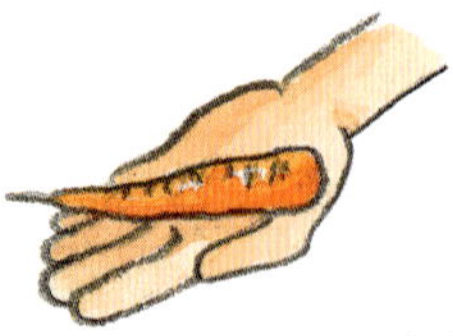

flach ist und die Finger ausgestreckt nebeneinanderliegen. Auch der Daumen sollte eng anliegen. Sonst könnte das Pferd einen der Finger mit der Möhre verwechseln und aus Versehen hineinzwicken. Wer darauf achtet, wird aber nur das weiche Pferdemaul zu spüren bekommen.

Riechen (Seite 25):

Pferde erkennen andere Pferde und auch Menschen an ihrem Duft. Außerdem finden sie über den Geruch den Weg nach Hause und riechen es, wenn Wasser in der Nähe ist.

Wildfang (Seite 37):

„Wildfang" hieß früher sowohl das Fangen eines wilden Tieres als auch das gefangene wilde Tier selbst. Später verwendete man das Wort für lebhafte Kinder und Fohlen, die gern herumtoben.

Geburt (Seite 40):

Stuten sind ungefähr elf Monate trächtig, bevor sie ihr Fohlen zur Welt bringen. Sicherheitshalber kann man zur Geburt einen Tierarzt dazurufen, in den meisten Fällen braucht die Stute aber keine Hilfe.

Blättere schnell um und trage die roten Buchstaben in der richtigen Reihenfolge in die Kästchen ein!

Barbara Rose ist Kinder- und Jugendbuchautorin und Journalistin. Über zehn Jahre lang hat sie sich Geschichten fürs Fernsehen ausgedacht und Sendungen für Kinder und Jugendliche im Radio moderiert. Inzwischen arbeitet sie als freie Autorin und kann das tun, was ihr am meisten Spaß macht: Bücher schreiben und daraus vorlesen. Sie wohnt mit ihrem Mann und ihren vier Kindern in der Nähe von Stuttgart.
Mehr zur Autorin unter: www.barbara-rose.info

Carmen Hochmann studierte in Bielefeld Grafik-Design und ist seither als freiberufliche Illustratorin tätig. Mit ihrer Familie lebt sie am Stadtrand in einem alten Häuschen mit großem Garten. Sie zeichnet mit Liebe und Leidenschaft.

Das Leselöwen-Lösungswort

Besuche den Leselöwen auf
www.leseloewen.de und trage
die farbigen Buchstaben
von der Seite *Schon gewusst?*
in der richtigen Reihenfolge
in die magische Box ein.

Wenn du das Lösungswort
gefunden hast, kommst du
auf die geheime Seite mit vielen
weiteren Spielen und Rätseln!

Der **Leselöwe** freut sich auf dich!